消えた子どものあそび

石橋昭夫 著

ぺったん
もくじ

まえがき

メンコの種類

ホンコとウソコ

メンコの補強
　　　ロウづけ／　ホッチキスどめ

1　はぐり（はぐりやこ）
　　　普通のはぐり方／　とっておきのはぐり方
　　　足かけ／　フーラン

2　だし（だしやこ）
　　　二人の場合／　二人以上の場合

3　牛乳びんのフタでするメンコ
　　　普通のはぐり方／　すい直に打ちつけるはぐり方

4　コッチン（豆メン）

著者の全仕事

まえがき

　ぺったんとは、いわゆる「紙メンコあそび」（あるいは単に紙メンコ）のことです。
　1960年代の中ごろ。ぼくは小学校から帰るとすぐに、ぺったんをあるだけ持って近所の友だちのところへ出向き、文字通り「取るか」「取られるか」の真剣勝負をしたものです。
　真剣勝負ですから、取ったときは痛快ですが、取られて全部無くなってしまったときは、とても悔しい思いをしたのを覚えています。このあそびが持つ独特の勝負要素によるものでしょうか。とにかく、われを忘れるぐらい入れこんで、熱く夢中になってあそんだのが、このぺったんだったわけです。
　ぼくは、これだけ一所懸命になったぺったんが、今ではまったく見かけられなくなってしまったことに、「‥‥‥」アレコレ思いを馳せながら、何とか記憶を辿り、ここにまとめました。

　どうか、みなさんも、あの一瞬の夢のような輝きの中にタイムスリップして見てください。

メンコの種類

紙メンコには「丸メン」と「角メン」の二種類があります。
ぼくらは、ほとんどの場合、この丸メンコを使ってあそびました。
これには地域差があるようです。

丸メン

角メン

❖　20センチ前後の大きい丸メンコもありました。
　たしか「大べったん」と呼んでいたと思います。
　（☞）

　　もちろん勝負に使われましたが、とにかく強いので、
　みんなからはあまり歓迎されませんでした。

普通のメンコ
7〜8センチ

ホンコとウソコ

「ホンコ」は、相手のメンコをウラ返せば、自分のものになります。
　しかし、「ウソコ」は、相手のメンコをウラ返しても、あそびが終われば、また返してあげなければならず、ほとんどの勝負は、このホンコでおこなわれました。

　メンコのおもしろさの真髄は、このホンコにこそあるのです。

メンコの補強

◆ロウづけ◆

　ぼくらはメンコを強くするために、いろいろと工夫をしました。
　まず、カンづめの空きカンにロウソクを砕いて入れ、火にかけて溶かします。
　ロウソクが溶けたなら、ロウが固まらないうちにメンコを入れて全面ひたします。
　すぐにワリバシでつまんで引き上げ、しっかり乾かせば、ロウづけメンコの完成です。
　これで多少は強いメンコになっているはずです。

ロウづけ〈イ〉

ロウづけ〈ロ〉

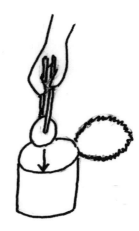

ロウづけ〈ハ〉

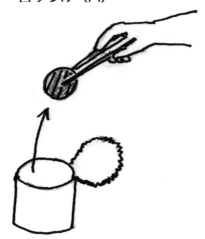

◆ホッチキスどめ◆

　同じ大きさのメンコと厚紙を二枚重ねて、端っこをホッチキスでとめます。
　これは二枚重ねになっているのでとても強力です。
　万が一ホッチキスが無い場合は、のりで貼り合わせたりもします。

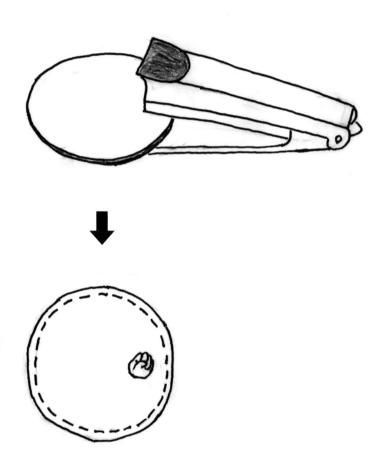

これが あそび方

1　はぐり（はぐりやこ）

「おこし」ともいいます。
　参加人数は二人以上なら何人でもオッケーです。
　それぞれが、地面（床）にメンコを置き、じゃんけんで順番を決めて、あそびをはじめます。

最初の番の者は、「はぐりやすい」メンコから、近くに自分のメンコを打ちつけ、風圧でウラ返しにして取っていきます（失敗するまで何枚でも取れます）。
　ウラ返せなかったら、今度は次の番の者が同じようにおこないます。

　取ったり取られたり、・・・・・真剣勝負が続きます。

◆普通のはぐり方◆

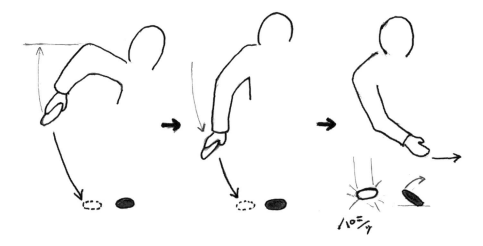

◆とっておきのはぐり方◆

《イ》
　自メンを振り上げ、勢いよく相手メンのカドに目がけて振り下ろします。

《ロ》
　自メンの端を相手メンのカドに打ち当てると同時に、自メンを手から離して飛ばします。

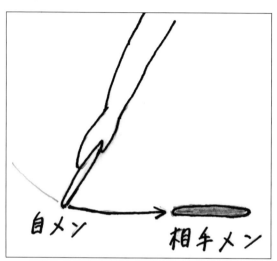

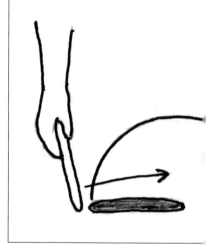

《ハ》
うまくすれば、相手メンはウラ返しにはぐれます。

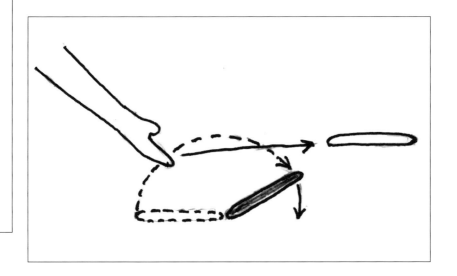

◆足かけ◆

　「足かけ」をすると、メンコがはぐれやすいので、最初に「足かけあり」「足かけなし」を決めておきます。

◆フーラン◆

　メンコがとんでもないところへ入ったり、飛んで行ったりした場合は、はぐることができません。そんなときは、持ち主がメンコを頭に乗せ、メンコのできるところまでいって落とします。

上からフラーッと落とす

2 だし（だしやこ）

「おとし」ともいいます。

　じゃんけんで順番を決め、ダンボール箱か、コタツの上（板を置く）を台にしておこないます。

　あそび方は、台の上で相手のメンコに自分のメンコの端っこを当てるか、そばに打ちつけたときの風圧で外に出し（落とし）、取り合いをします。

◆二人の場合◆

　とにかく相手のメンコを外に出せば取ることができます。

　相手のメンコはそのままで、自分のメンコだけ出た場合は、相手のものになります。

　また、自分のも相手のも両方出た場合は、そのままにして、あらたにメンコを置いて勝負し、勝った方が取ります。

◆二人以上の場合◆

二人でするときと基本的にルールは同じです。

ただし、次のような場合は、違ってきます。

順番の者が、誰かのメンコを出そうとして、自分のメンコだけ出た場合は、すぐに誰かのものになるのではなく、そのままにしておきます。残った者たちで勝負して取り合うことになります。

また、自分のメンコと他のメンコが一緒に出た場合は、誰か一人のメンコが残っていれば、その者が全員のメンコをとることになります。

さらに、結果として、全員のメンコが出てしまった場合は、あらたにメンコを置いて、勝負していくことになります。

3　牛乳びんのフタでするメンコ

メンコの持ち込めない学校で、授業の合間や昼休みの時間におこなっていました。

◆**普通のはぐり方**（普通のメンコあそびと同じように）◆

◆**すい直に打ちつけるはぐり方**◆

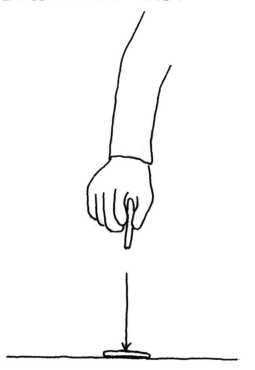

4　コッチン（豆メン）

　普通のメンコあそびがおこなわれていたのと同時期、2〜3センチぐらいのちっちゃいメンコも確かに存在しました。
　あそび方はいたってシンプルです。
　相手のメンコに自分のメンコをすい直に打ち当てて、ウラ返すというものです。
　うまくウラ返せば、自分のものになります。

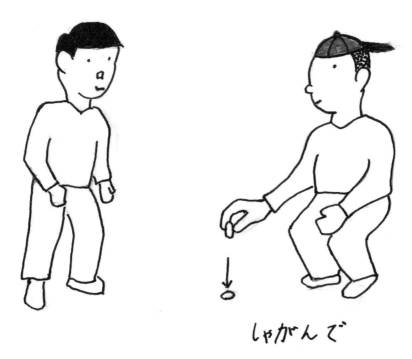

しゃがんで

　❖いろんなメンコの文献を見ても、この「豆メン」の記述はほとんどありません。何とも不思議なことです。

〖著者の全仕事〗

1989 年 11 月刊
　①『こんな遊びがおもしろい──冒険と創造と挑戦の遊びガイド──』
　（椋の木社）

1991 年 2 月刊
　②『ふれあい島根　第 4 号』「子どもの遊びア・レ・コ・レ」
　（島根ふれあい県民運動協議会）

1992 年 12 月〜 1993 年 11 月
　③『別冊 PHP　1993 年 1 月号〜 12 月号』「子どもの世界・ガイドブック──書店の本棚──」（PHP 研究所）

1994 年 2 月刊
　④『子どもの世界・ガイドブック──書店の本棚──』（非売品）

1998 年 9 月刊
　⑤『遊びの本のカタログ』（けやき出版）

2004 年 5 月刊
　⑥『ガラクタ遊び図鑑』（杉並けやき出版）

2013 年 10 月刊
　⑦『鬼ごっこアンド』（ミヤオビパブリッシング）

2018 年 11 月刊
　⑧『ぺったん──消えた子どものあそび──』（杉並けやき出版）

〈著者紹介〉

石橋　昭夫（いしばし・あきお）

　1954年　　島根県松江市西忌部町に生まれる。
　1977年　　日本福祉大学社会福祉学部卒業。
　　　　　　関ヶ原石材株式会社、こばと学童保育クラブ、園山書店
　　　　　　などを経て、現在松江市内の今井書店に勤務。

ぺったん——消えた子どものあそび——
2018年11月5日　第1版第1刷発行

著　者　石橋　昭夫

発行者　小川　剛
発行所　杉並けやき出版
〒166-0012 東京都杉並区和田3-10-3
TEL　03-3384-9648
振替　東京 00100-9-79150
http://www.s-keyaki.com

発売元　株式会社 星雲社
〒112-0005 東京都文京区水道1-3-30
TEL　03-3868-3275

印刷／製本　　(有)ユニプロフォート

© Akio Ishibashi 2018　　　　　Printed in Tokyo Japan
ISBN978-4-434-25313-3 C0076